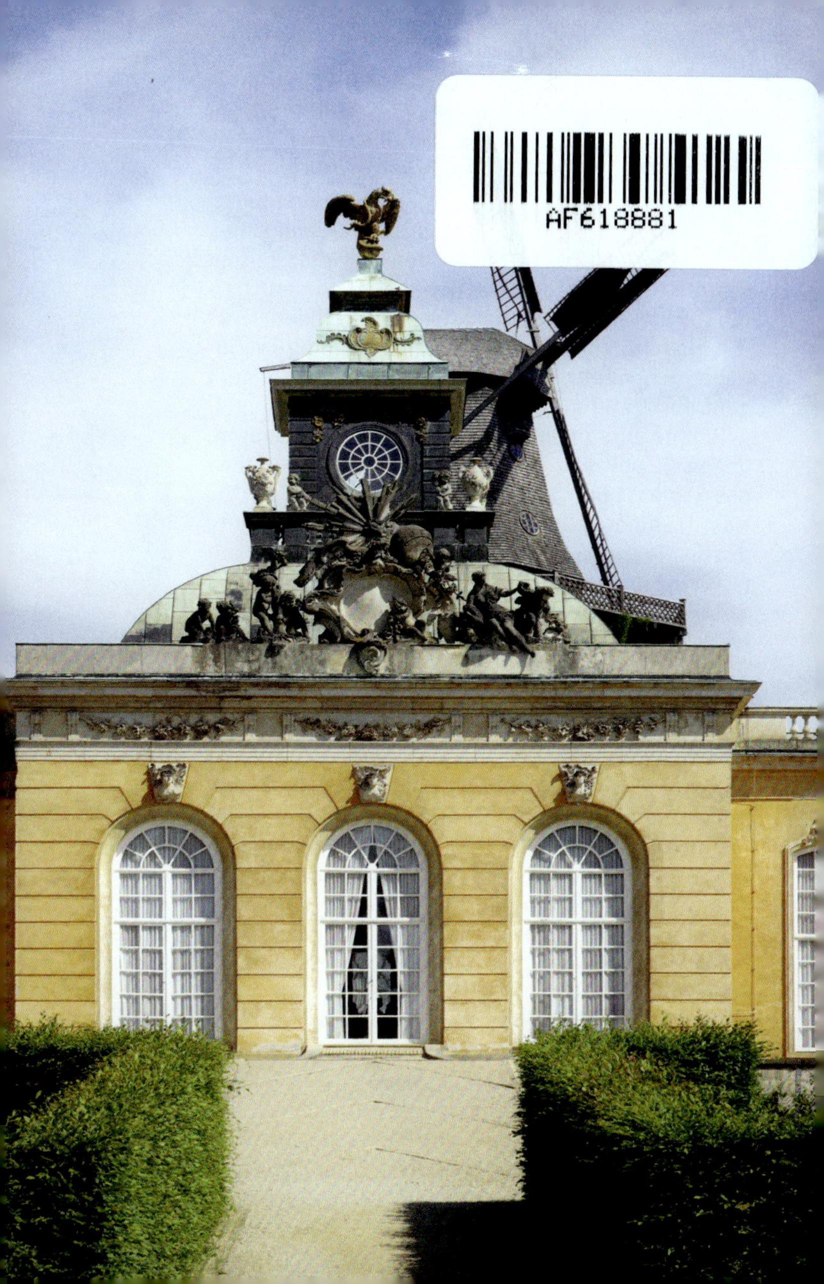

Die Geschichte der Schlösser und Gärten von Sanssouci begann im Jahre 1744, als sich Friedrich II. am Südhang des ehemaligen »wüsten Berges« außerhalb der Stadt Potsdam einen terrassierten Weingarten anlegen ließ, auf dem 1745–1747 sein Sommerschloss Sanssouci errichtet wurde. Den Wünschen des Königs gemäß folgten in den nächsten Jahren symmetrisch zugeordnete Nebengebäude mit Gartenquartieren. So entstand der erste Teil des Parks mit einem Architekturensemble von außergewöhnlicher Schönheit, zu dem auch die Neuen Kammern gehören. Unter geschickter Ausnutzung des Hügelgeländes entsprechend der Wertigkeit der Bauten, liegen sie etwas tiefer und leicht vorgerückt westlich des Schlosses.

Im Frühjahr 1747, unmittelbar nach Fertigstellung des Schlosses Sanssouci, begannen unter der Leitung von Johann Boumann die Bauarbeiten nach Georg Wenzeslaus von Knobelsdorffs Entwürfen. Im Laufe eines reichlichen Jahres entstand ein an das Grundkonzept des Schlosses angelehnter, schlichter eingeschossiger Bau von 110 m Länge und 6,5 m Höhe, dessen Südfassade durch zwei einachsige Seitenrisalite und einen etwas höheren Mittelrisalit gegliedert wird. Zwischen den 25 bis zum Boden reichenden Fenstern fanden 24 in Carrara gefertigte Marmorstatuen italienischer Bildhauer Aufstellung. Die Attikaskulpturen von Friedrich Christian Glume enthalten Anspielungen auf den ersten Verwendungszweck des Hauses als Orangerie, Putten, die einen Orangenbaum pflanzen, und eine Pomona mit Füllhorn.

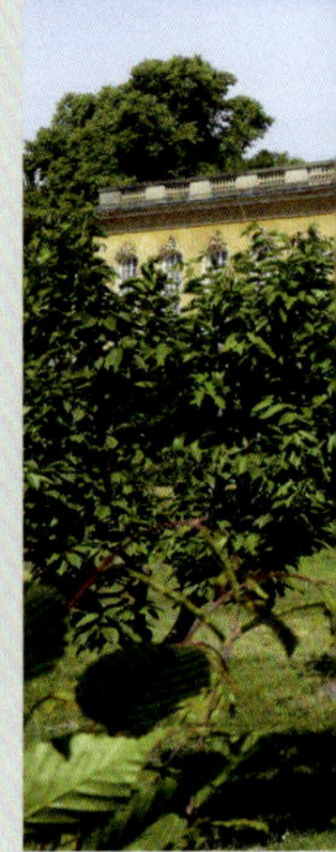

Ansicht von Süden

Seite 1: Dachbekrönung

Die Orangengärtnerei nahm in der barocken Bau- und Gartenkunst einen wichtigen Platz ein. Man schmückte mit den fremdländischen Gewächsen die fürstlichen Gartenanlagen und erfreute sich des ständigen Grüns sowie am Nebeneinander von Blüte und Frucht. Weitere Gründe liegen in der Genug-

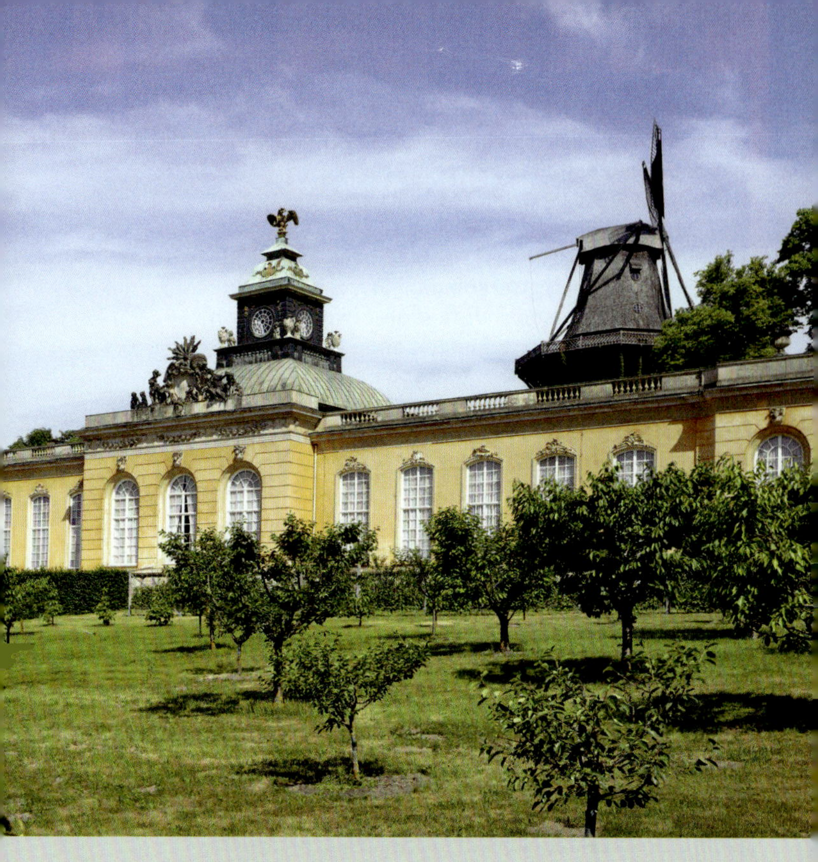

tuung, exotisches Obst aus eigener Zucht genießen und anbieten zu können als auch in der damaligen Gleichsetzung der Orangen mit den goldenen Äpfeln der antiken Götterwelt, woraus sich ikonographisch Anspielungen auf Macht und Stärke ableiten ließen. Für Brandenburg ergab sich sogar noch ein besonderer Bezug zu dieser kostspieligen Liebhaberei, denn Kurfürstin Luise Henriette, erste Frau des Großen Kurfürsten und Urgroßmutter Friedrichs II., stammte aus dem Hause Oranien, zu dessen Wahrzeichen ein Orangenzweig gehört.

Friedrich II. zeigte ein ausgesprochenes Interesse an der Orangengärtnerei, das sich besonders im Park von Sanssouci widerspiegelte, der sich zu einer einmaligen Kombination von Zier- und Nutzgarten entwickelte. Hier wuchsen, zum Teil in Treibhäusern, Ananas, Bananen, Feigen, Melonen und andere Früchte, südlich des Orangenhauses zum Beispiel wurde ein Kirschgarten angelegt. Der anfänglich relativ kleine Bestand der Sanssouci-Orangerie erweiterte sich durch gezielte Neuerwerbungen noch vor dem Siebenjährigen Krieg auf über tausend Stück. Diese tropischen Kübelpflanzen überwinterten ab 1748 in den sieben großen Hallen des Orangenhauses, die der äußeren Gliederung des Bauwerks entsprechend angeordnet waren. An den fast quadratischen Saal hinter dem Mittelrisalit, der die gesamte Tiefe einnimmt, schlossen sich zu beiden Seiten zwei langgestreckte fünfachsige Galerien an. Zwischen ihnen lag hinter den Seitenrisaliten je ein elliptischer Saal mit vier Nischen. Das dicht am Hang errichtete Gebäude hatte nach Norden hin ein tief heruntergezogenes Dach, unter dem sich östlich und westlich des Mittelsaals niedrige Gänge befanden, von denen aus große, in den Hallen stehende Öfen beheizt werden konnten. Im Sommer standen die Pflanzenhallen leer und wurden für Bälle, große Tafeln, Konzerte oder Aufführungen französischer Komödien und italienischer Opern genutzt, wie es auch von anderen Orangeriegebäuden im Herrschaftsbereich Friedrichs II. überliefert ist.

Nachdem Ende der 1760er Jahre in geringer Entfernung zwei Ersatzbauten errichtet worden waren, erfolgte 1771–1775, geleitet von Georg Christian Unger, der Umbau der alten Orangerie zu einem Erweiterungsbau des Schlosses Sanssouci, für den sich allmählich der Name Neue Kammern durchsetzte. Die einzige wesentliche Veränderung am Außenbau war das Aufsetzen einer Kuppel in Angleichung an die von 1755–1763 errichtete Bildergalerie.

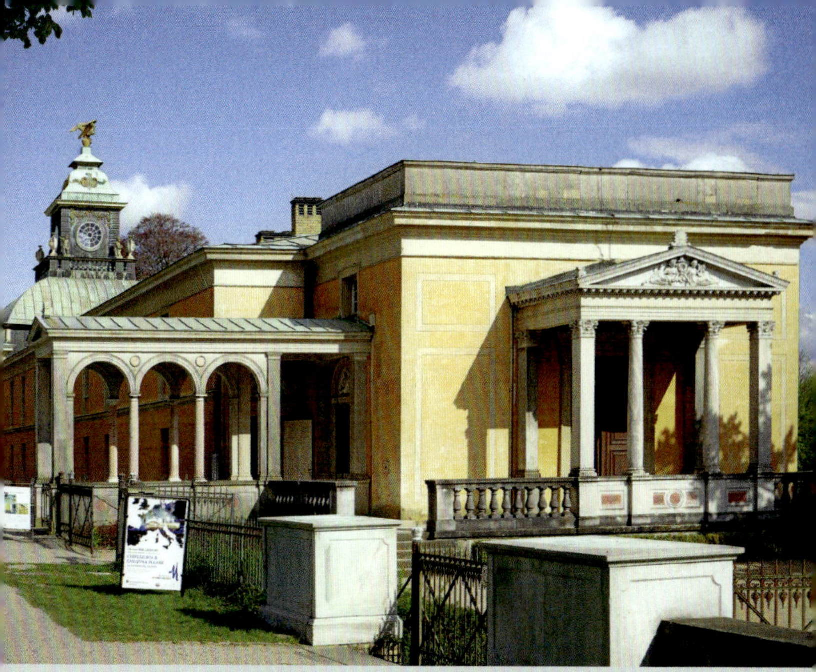

Ansicht von Westen

Im Innern entstanden aus den drei westlichen Sälen durch das Einziehen mehrerer Trennwände sieben nach Süden gelegene Gästezimmer – drei Wohn- und vier Schlafzimmer – und nördlich dahinter sieben für die Dienerschaft. Der frühere Heizgang bildete den Flur. Die Raumfolge vom Mittelsaal bis zum östlichen Ende blieb erhalten, lediglich die letzte Fensterachse wurde für den Einbau eines Treppenhauses, das zum Plateau vor dem Schloss Sanssouci führt, abgeteilt. Sämtliche Wohn-, Schlaf- und Gesellschaftsräume erhielten bemerkenswerte Dekorationen im Stil des späten friderizianischen Rokokos.

In den »sieben neu erbaueten Zimmern, zwey Sälen, und zwey Gallerien, in dem gewesenen Orangen-Hause in Sanssouci« (Oesterreich) wohnten während der alljährlich stattfindenden Frühjahrsrevuen und Herbstmanöver in- und ausländische Generäle und

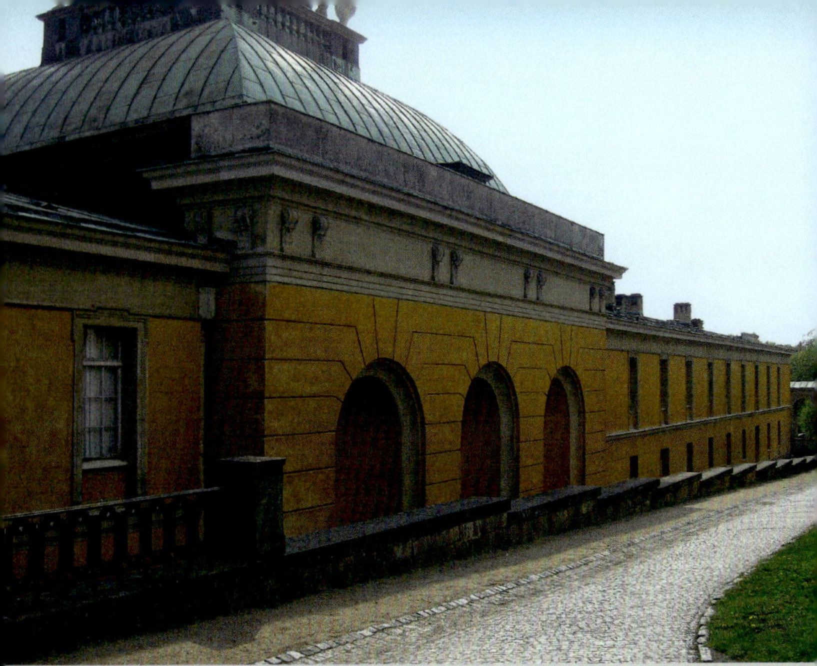

Zweigeschossige Gebäudenordseite

andere Gäste von hohem Rang. Diese Manöver und Paraden wirkten als »Mekka der Kriegskunst« besonders anziehend auf militärische Zeitgenossen, denn in Potsdam waren Truppen stationiert, die unmittelbar der Führung des Königs und der Prinzen unterstanden. Hier wurden zuerst taktische und waffentechnische Neuerungen erprobt; Exerzierplätze befanden sich zum Beispiel auf dem Gelände des ehemaligen Lustgartens am Stadtschloss und auf dem Bornstedter Feld, nahe Sanssouci.

Zu Beginn des 19. Jahrhunderts wurden die Neuen Kammern immer häufiger von der königlichen Familie selbst genutzt. Anhand der Nachfragen, Berichte und Abrechnungen im Schriftwechsel zwischen den Kastellanen und dem Hofmarschallamt, lassen sich Sommeraufenthalte Friedrich Wilhelms III. und aller seiner Söhne und Töchter nachweisen.

Nach seinem Regierungsantritt wählte Friedrich Wilhelm IV. Schloss Sanssouci zum ständigen Sommerwohnsitz. Schon seit den 1830er Jahren beschäftigte den damaligen Kronprinzen ein gigantisches Höhenstraßenprojekt, dessen westlicher Teil vom Schloss Sanssouci zum Belvedere Friedrichs II. auf dem Klausberg reichen sollte. In diesem Zusammenhang ist auch der Umbau der Neuen Kammern von 1842–1843 zu sehen, ebenso die Anfügung des Säulenganges zur Maulbeerallee und des Portikus an der westlichen Schmalseite nach 1860.

Einerseits ging es um die Aufwertung der gänzlich schmucklosen Nordfassade im Sinne der geplanten Gesamtanlage, andererseits freilich musste mit dem Umbau auch dem gestiegenen Raumbedarf für Hofstaat und Gäste in der Nähe der Sommerresidenz Rechnung getragen werden. Die Pläne von Ludwig Persius beinhalteten den zweigeschossigen Aus- und Umbau der Gebäudenordseite und die entsprechenden Veränderungen der Dachkonstruktion und der Fassade.

Persius unterteilte den östlichen Flur mit Zwischenwänden und verband das neue obere Stockwerk durch eine zeltartig überdachte eiserne Brücke mit der Maulbeerallee. Sie überspannt einen schmalen, entlang der Nordfront angelegten Hof, den eine Stützmauer gegen den Hügel abschließt. An der östlichen Schmalseite der Neuen Kammern, fast auf dem Niveau des Schlossplateaus, entstand ein pavillonähnlicher Anbau, Loggia genannt. Er enthält zwei Räume im historistischen Stil des sog. Zweiten Rokokos, ähnlich denen des gleichzeitig erbauten Damenflügels im Schloss Sanssouci. Einschließlich der Loggia boten die Neuen Kammern jetzt Platz für acht einzelne Bewohner und ihre Dienerschaft. Sechs der Dienerschaftsräume, größer als vorher, durch Kachelöfen beheizbar und mit Fenstern ins Freie, lagen nun im Obergeschoss der westlichen

Nordseite. Sie alle hatten Verbindungstüren und über kleine Treppen separate Zugänge zu den Einzelnen Gästezimmern. Alle Gästezimmer konnten nun als Wohn- und Schlafzimmer genutzt werden, denn im Bereich der früheren Dienerzimmer waren zusätzlich Alkoven (Bettnischen) eingebaut und durch unauffällig eingeschnittene Türen mit den bisherigen Wohnzimmern verbunden worden. Die repräsentativsten Räume blieben fürstlichen Gästen vorbehalten, die übrigen Gästezimmer waren an Hofdamen der Königin Elisabeth vergeben und dienten diesem Zweck auch nach dem Tode Friedrich Wilhelms IV., da die verwitwete Königin bis zu ihrem Ableben das Wohnrecht im Schloss Sanssouci behielt. Anschließend stand das Gebäude hohen Hofbeamten und deren Familien als Sommerwohnung zur Verfügung.

Im September 1924 wurden die Neuen Kammern anlässlich einer Denkmalpflegetagung erstmalig als Museum geöffnet und in diesem Zusammenhang entsprechend der Ausstattung des 18. Jahrhunderts wiedereingerichtet. 1963 machte sich aus konservatorischen Gründen die Schließung des Hauses notwendig. Nach umfassenden Sanierungs- und Restaurierungsarbeiten durch deutsche und polnische Fachleute sind die Neuen Kammern von Sanssouci seit Mai 1987 wieder für die Öffentlichkeit zugänglich.

Hinweis zur Besichtigung

Die Reihenfolge der Raumbeschreibungen entspricht der Nutzung im 18. Jahrhundert. Der Besucher wird deshalb gebeten, seinen Rundgang in der Blauen Galerie am östlichen Ende der Neuen Kammern zu beginnen.

Die Säle

Die Ausgestaltung der Räume in den Neuen Kammern war die letzte große Aufgabe dieser Art zur Regierungszeit Friedrichs II. Während sich andernorts, wie beim Bau des Schlosses Wörlitz (1769–1773) bei Dessau, bereits frühklassizistische Formen durchsetzten, brachte das Zusammenwirken der Künstler hier noch einmal Raumschöpfungen hervor, in denen der Spätstil des friderizianischen Rokoko zu einem letzten Höhepunkt gelangte. Eine besondere Gewähr für die vom König offensichtlich gewünschte stilistische Kontinuität bot das Wirken von Johann Christian Hoppenhaupt d.J., der seit 1746 als »Directeur des Ornaments« schon im Schloss Sanssouci und im Neuen Palais tätig war. Ihm werden die Entwürfe für die Säle zugeschrieben, die sich durch Klarheit und Ruhe der tektonischen Gliederung und wirkungsvollen Kontrastierung zwischen glatten Flächen und bildnerischem Schmuck auszeichnen. Für diesen verwendete er neben der Rocaille mit besonderer Vorliebe Naturformen, vor allem Blumen und Früchte. Jeder Saal hat seinen eigenen Farbklang, der durch farbige Füllungen in den Wandverkleidungen und darauf abgestimmte Fußböden aus schlesischem Marmor erzeugt wird. Zur Ausstattung gehören entlang der Wände aufgereihte Tafelstühle mit jeweils passend eingefärbten Lederkissen (Nachbildungen von 1986 nach einem Originalmodell von J.M. Kambly). Vom sparsam dekorierten Empfangssaal bis zum zentral gelegenen kostbar ausgestatteten Hauptfestsaal steigert sich die Wertigkeit der Raumdekorationen. Die Ausführung der Stuckmarmorarbeiten an den Wänden und der Stuckverzierungen aller Decken lag in den Händen von Constantil Phillipp Georg Sartori d.J. und Johann Michael Merck. Mit den Holzbildhauerarbeiten an Türen, Spiegelrahmen, Konsolen, Wandtischen und Stühlen beauftragte das Potsdamer

Baucomptoir 13 Potsdamer »Decorateurs«, mit den Vergoldungen zehn Potsdamer »Kunstmaler« und erreichte damit eine gerechte Verteilung von Arbeit und Verdienst.

Für die festliche Beleuchtung der vier Säle sorgten insgesamt 13 Kronleuchter des Potsdamer Glasschleifers Johann Christoph Brockes nach französischem Vorbild. Die versilberten Messinggestelle mit je zwölf Tüllen bezog er von ortsansässigen Handwerkern, der Behang aus geschliffenem Glas wurde aus der königlichen Glashütte, der »Zechlinerhütte« bei Rheinsberg geliefert. Von diesem Originalbestand ist wegen der »Modernisierung« der Neuen Kammern im 19. Jahrhundert und Umverteilungen in andere Schlösser nur noch wenig erhalten.

Auch wurden in jenen Jahren in Berlin originalgetreue Kopien gefertigt, die sich nur schwer von den Originalen des 18. Jahrhunderts unterscheiden lassen. So sind nach neuesten Erkenntnissen die Kronleuchter des Jaspissaals und der Blauen Galerie sehr gute Kopien vom Ende des 19. Jahrhunderts nach dem Vorbild französischer Lüster des 18. Jahrhunderts. Fehlende Glasbehänge werden heute bei verschiedenen Firmen in Böhmen nach historischen Techniken wiederhergestellt.

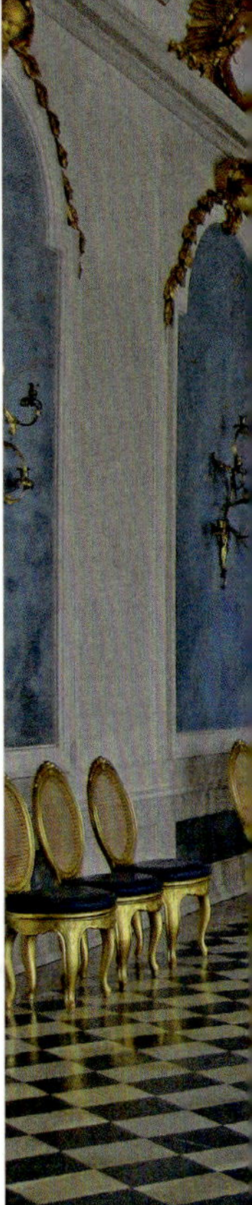

Raum 1

Blaue Galerie

Matthias Oesterreich schrieb 1775 über die Neuen Kammern, dass »der Eingang ist, wenn man vom Schloss Sanssouci hinunter kommt«. Ein Treppenhaus mit sandsteinernen Stufen und schmiedeeisernem Geländer führt vom westlichen Ende der obersten Weinbergterrasse herab bis zur Blauen Galerie. Sie diente als Empfangshalle und bildet mit kühler Eleganz den Auftakt in der Reihe der Festsäle. Die

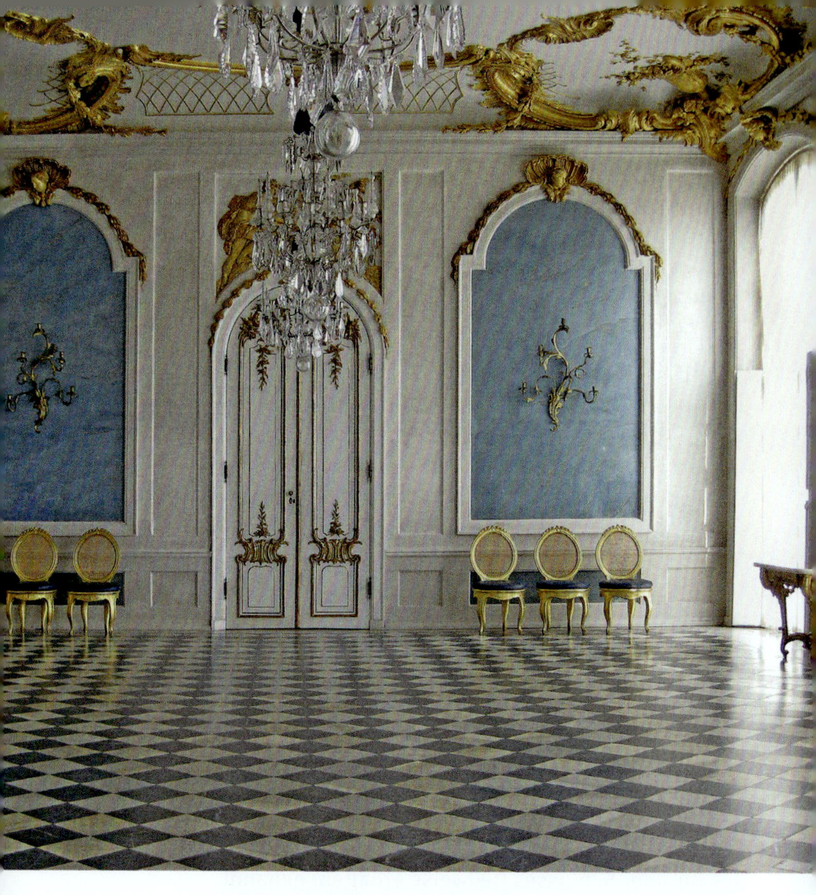

Blaue Galerie

blauen goldgeäderten Füllungen in der weißen Stuckmarmorverkleidung der Wände sollen Lapislazuli imitieren, ein Mineral mit glänzenden Einlagerungen aus Schwefelkies. Als einziger Schmuck auf den blauen Flächen kommen die acht schön geschwungenen großen Wandbranchen aus feuervergoldeter Bronze (1774) von J. Audibert besonders gut zur Geltung. Dezente vergoldete Stuckaturen bekrönen Fenster und Wandfelder, die beiden Supraportenreliefs erzählen die Geschichte von Acis und Galathea.

Drei Konsoltische: vergoldet, Potsdam 1774, darauf zwei Platten aus Arragonit (alabastro fiorito/Süßwasserkalk) mit Einfassungen aus weißem schlesischen Marmor, eine neue Platte aus grünem kubanischem Serpentin.
Drei Kronleuchter: Schaftkronen mit zwölf Tüllen, feuerversilberte »Bronze« (eigentlich Messing), davon zwei Gestelle Berlin, Ende 19. Jh. und ein Nachguss 2004.

Raum 2
Buffetsaal

Hier fanden vermutlich kleinere Tischgesellschaften statt. Wahrscheinlich diente der Anrichteschrank zum Abstellen der herbeigebrachten Speisen und Getränke vor dem endgültigen Auftragen bei großen Tafeln im Hauptfestsaal, denn die Neuen Kammern besaßen keine eigene Küche und wurden vom Schloss Sanssouci aus versorgt. Der Stuckmarmor des ovalen Saales hatte gelbliche Füllungen, die im Laufe der Jahre ihre Farbe verloren haben. Die Raumgestaltung folgt der Tradition verspiegelter Porzellankabinette und Prunkbuffets des Barock, vergleichsweise seien das Porzellankabinett im Charlottenburger Schloss (rekonstruiert) und das Silberbuffet aus dem Rittersaal des Berliner Schlosses (teilweise erhalten) genannt.

Über dem vergoldeten »Schenktisch« des Tischlermeisters Eremite erhebt sich eine Spiegelwand mit 19 vergoldeten Konsolen, auf denen zurzeit Friedrichs II. Porzellangefäße standen. Um sechs große chinesische Goldfischbecken gruppierten sich 13 frühklassizistische Vasen und Terrinen aus der Berliner Porzellanmanufaktur. Da diese für den Gesamteindruck wichtigen 19 Gefäße seit 1945 verschollen sind, erging ein Auftrag für Neuschöpfungen an die Keramikerin Heidi Manthey. Ihre modernen Fayen-

Buffetsaal

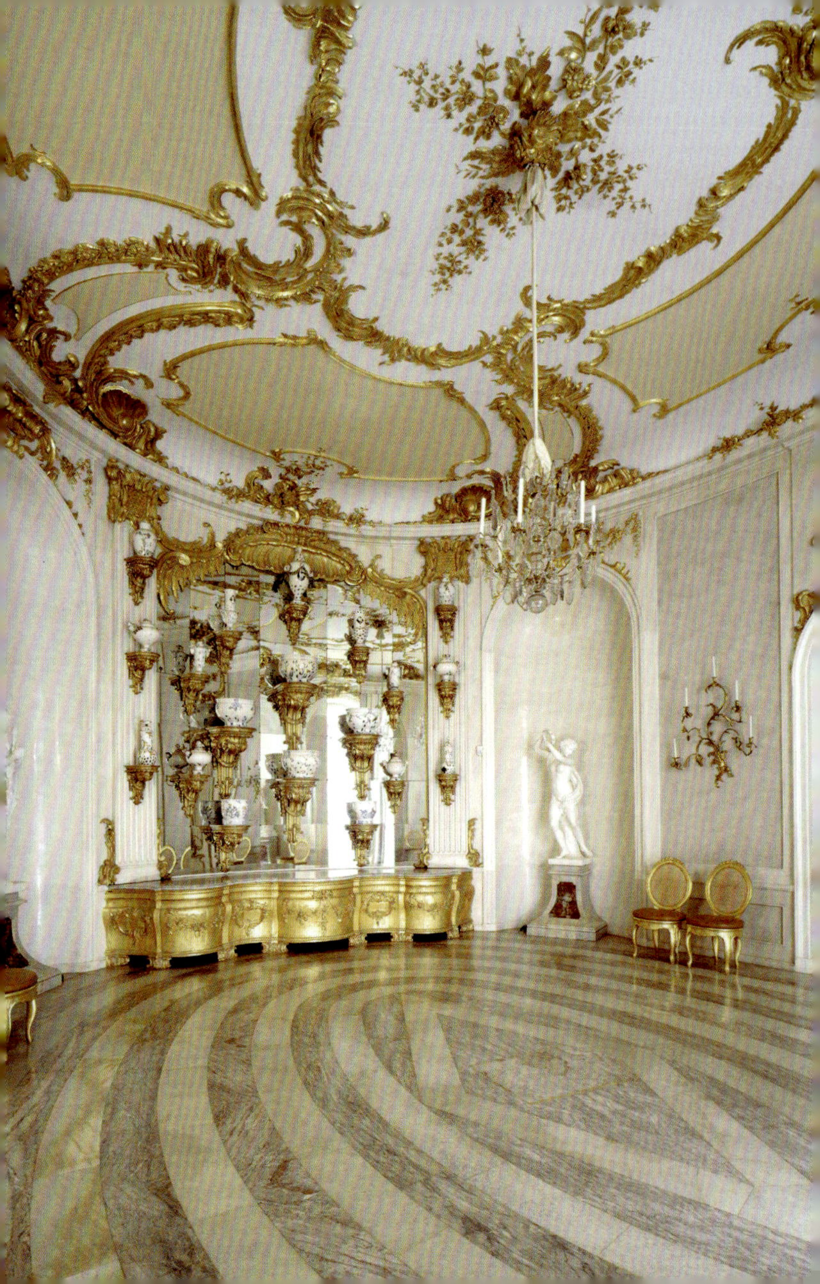

cen, die sich in Größe und Proportionen an den ursprünglichen Stücken orientieren, vervollständigen nun seit der Wiedereröffnung der Neuen Kammern 1987 die Ausstattung des Buffetsaals.

Kronleuchter: Schaftkrone mit sechs Tüllen, feuervergoldete »Bronze« (eigentlich Messing), mit Glasbehang, Berlin 19. Jh.
Wandbranchen: vier mit jeweils fünf Tüllen (dazu ursprünglich noch zwölf mit drei Tüllen von Grieser und Müller), feuervergoldete Bronze von J. M. Kambly, Potsdam, 18. Jh.

Raum 3
Ovidgalerie

Die langgestreckte Ovidgalerie strahlt in besonderer Weise heitere Festlichkeit aus. Neben den fünf großen, den Fenstern gegenüber angebrachten Spiegeln, sind es vor allem die 14 vergoldeten Stuckreliefs der Gebrüder Räntz, die dem Saal seinen Glanz verleihen. Die Szenen aus den sinnenfrohen Metamorphosen des römischen Dichters Ovid sind großzügig in die gerahmten Wandfelder aus ursprünglich chrysoprasfarbenem (hellgrünem) Stuckmarmor hineinkomponiert.

Ovidgalerie Stuckrelief

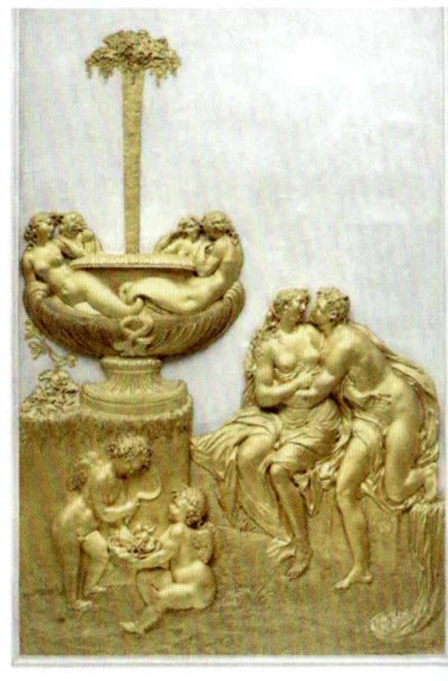

Antike Mythen und besonders die ovidischen Liebesgeschichten zwischen Göttern und Menschen waren beliebte Gegenstände der damaligen Kunst und Kenntnisse darüber für Künstler, Kunstliebhaber und Gelehrte unerlässlich. Die von Friedrich II. geliebte Thematik erscheint mehrmals in musikalisch genutzten Räumen seiner Schlösser, so dass auch hier eine Nutzung als Konzertsaal

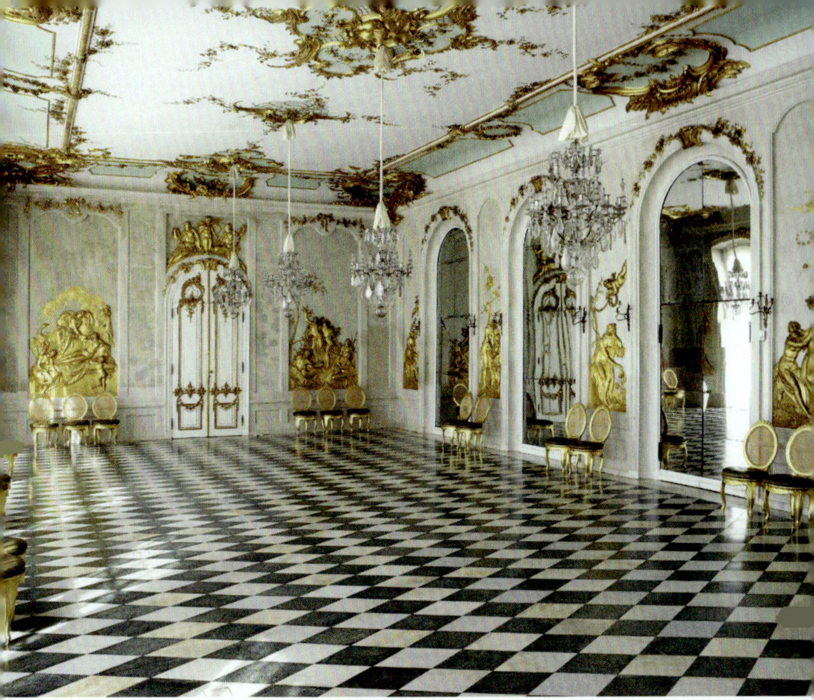

Ovidgalerie

angenommen werden kann. Die Reliefs bilden den Abschluss im Schaffen der stets zusammen genannten Bildhauerbrüder Johann David und Johann Lorenz Wilhelm Räntz aus Bayreuth, die nach dem Tode der Wilhelmine (1758) und des Markgrafen Friedrich von Bayreuth (1763) gemeinsam mit anderen Künstlern und Kunsthandwerkern 1764 nach Potsdam übergesiedelt waren, wo sie die künstlerische Entwicklung nach dem Siebenjährigen Krieg wesentlich mitbestimmten. Die auffallend gestreckten Körperproportionen und der feminine Gesichtstypus sind Charakteristika Räntzscher Figurenauffassung.

Fünf Kronleuchter: Schaftkronen mit zwölf Tüllen, feuerversilberte »Bronze« (eigtl. Messing), mit Glasbehang, Berlin/Potsdam, 18. Jh.

Raum 4
Jaspissaal

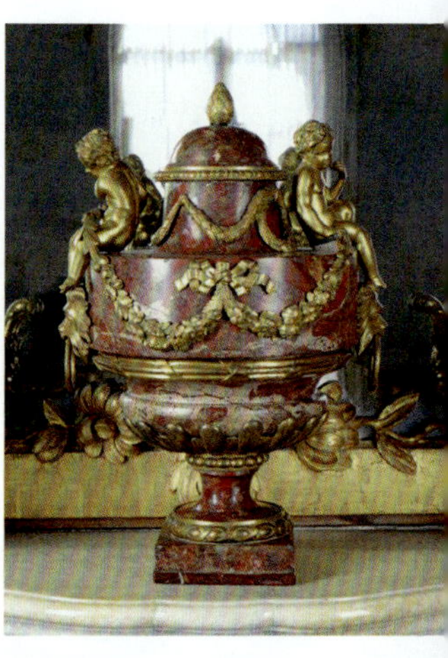

Jaspisvase

Der hinter dem Mittelrisalit gelegene Jaspissaal bildet den glanzvollen Höhepunkt der Enfilade (Raumflucht durch in einer Reihe liegende Türen). Er folgt als einziger der damals für die Festsäle in den Schlössern üblichen Ausstattung mit edler steinerner Wandverkleidung und einem Deckengemälde. Die von hellgrauem schlesischem Marmor eingefassten Wandfelder aus rotem schlesischem Jaspis bilden den prachtvollen Hintergrund für die auf vergoldeten Konsolen platzierten Büsten. Sie stammten überwiegend, ebenso wie die Homer und Vergil darstellenden Relief-Medaillons über den Türen, aus der von Friedrich II. 1742 angekauften Antikensammlung des französischen Kardinals Polignac, die neben den Antiken auch Kopien und moderne Werke enthielt. 27 der 30 Büsten wurden 1830 an das von Karl Friedrich Schinkel in Berlin neu erbaute Antikenmuseum (heute Altes Museum) abgegeben und durch Stücke aus anderen Schlössern ersetzt. Ein chronologisches oder inhaltliches Ordnungsprinzip lässt sich in der Aufstellung nicht erkennen. Zum ursprünglichen Bestand von 1775 gehört nachweislich die Büste einer jungen Römerin neben dem Kamin links unten, eine Nachbildung aus dem 18. Jahrhundert nach einem Vorbild (Faustina d. Ä.?) aus dem 2. Jahrhundert.

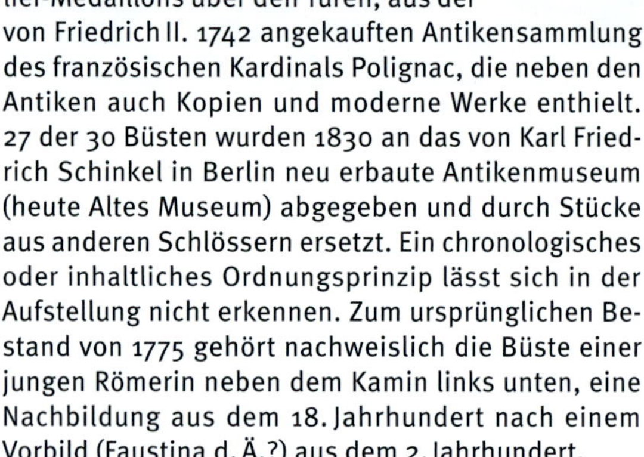

Zur Originalausstattung des Saales gehören auch die fünf mit vergoldeten Bronzeverzierungen geschmückten Jaspisvasen auf dem Kamin. Sie stammen aus der Werkstatt von Johann Melchior Kambly, einem Schweizer Zierratenbildhauer, Bronzegießer und Kunsttischler, der seit 1746 in vielfältiger Weise

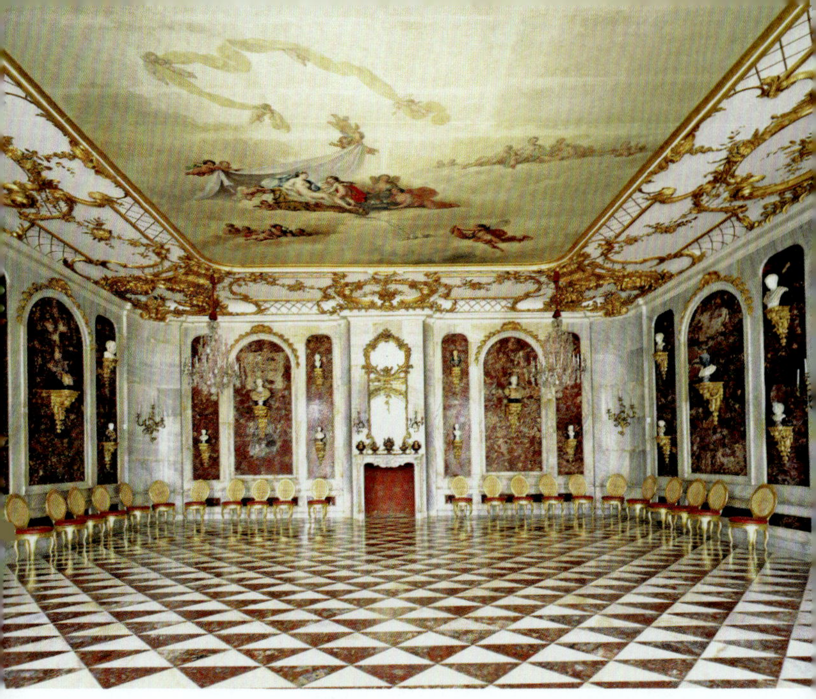

Jaspissaal

an der Ausstattung friderizianischer Bauten beteiligt war. Für die Neuen Kammern schuf er außerdem Teile der Holzbildhauerarbeiten, Tafelstühle, bronzene Wandleuchter und besorgte, gemeinsam mit den Brüdern Calame, die schwierige und aufwändige Bearbeitung des extrem harten Jaspis und des Marmors im Mittelsaal.

Das Leinwanddeckengemälde »Venus mit ihrem Gefolge« trägt die Signatur »Frisch p: cum Cer. Pun. 1774« (von Frisch gemalt mit punischem Wachs, 1774). Der Hofmaler Johann Christoph Frisch, später Lehrer für »praktische Malerey« und Rektor der Berliner Akademie, bediente sich hier einer um diese Zeit wieder entdeckten antiken Maltechnik (Enkaustik), bei welcher die Ölfarbe mit erwärmten Bienenwachs versetzt wird.

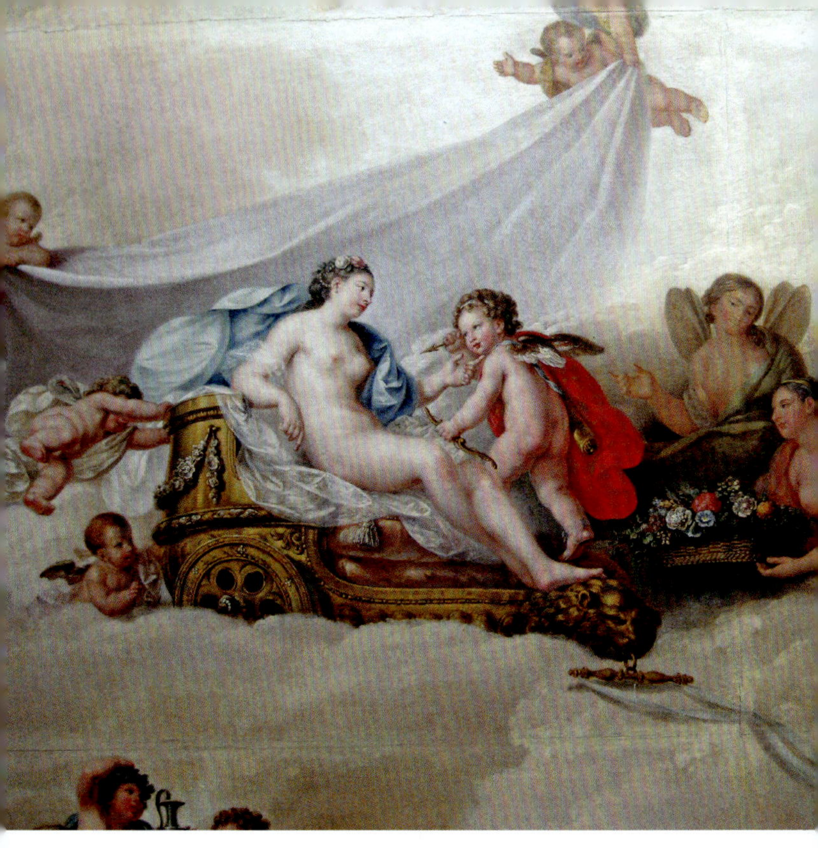

Zwei Wandtische: vergoldet, Potsdam 1774, darauf zwei Platten aus auf Sandstein doubliertem rotem schlesischem Jaspis von Kambly, Potsdam 1775. Wandbranchen: sechs mit drei Tüllen, feuervergoldete Bronze von Warlait, Potsdam 1773 und vier (ursprünglich sechs) mit fünf Tüllen, feuervergoldete Bronze vom Kambly und Warlait, Potsdam 1775. Vier Kronleuchter: Schaftkronen mit 16 Tüllen, feuerversilberte »Bronze« (eigtl. Messing), mit Glasbehang, Berlin Ende 19. Jh.

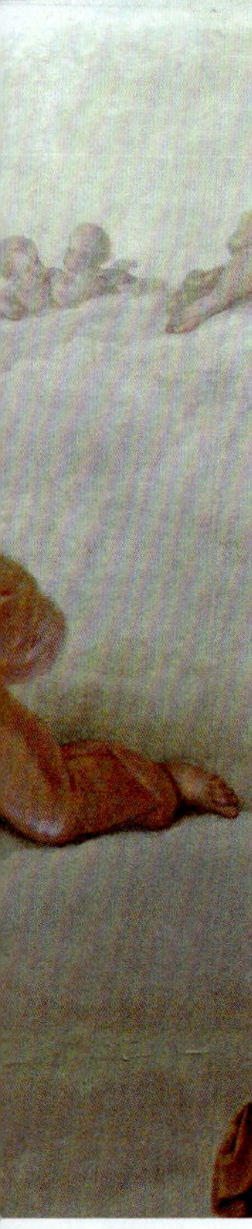

Jaspissaal, Leinwanddecken-gemälde

Die Gästezimmer

Der westliche Flügel der Neuen Kammern enthält sieben Gästeräume – ein einzelnes Wohn-Schlafzimmer und drei Appartements, die jeweils aus einem Wohnzimmer und einem Schlafzimmer bestehen. Und so mehr Komfort boten als die Einzelzimmer im Schloss Sanssouci. Unabhängig von der Wohnungseinteilung sind die sieben Räume durch eine Enfilade miteinander verbunden. Jedes Quartier besaß aber auch einen eigenen Zugang von der Nordseite her, wo sich die Dienerzimmer befanden. Die Schlafzimmer haben, mit Ausnahme des rosafarbenen letzten, weiß gefasste Boiserien (hölzerne Wandverkleidungen), deren Füllungen farbig abgesetzt und von vergoldeten Profilleisten gerahmt sind. Dazu in wirkungsvollem Kontrast steht die intensive Farbigkeit der als Lack- bzw. Intarsienkabinette sehr aufwendig gestalteten Wohnzimmer. Im Gegensatz zu den Sälen sind für die Gästezimmer keine Entwurfszeichnungen erhalten, so dass unklar ist, ob die Kunsthandwerker nach eigenen oder fremden Entwürfen gearbeitet haben. Allen Räumen gemeinsam sind die Verzierungen der Decken mit teilvergoldeten Stuckrosetten von Sartori d. J. und J. M. Merck, schlichte Parkettfußböden aus Eichenholz und die Ausstattung mit Kaminen aus schlesischem Marmor vor stuckmarmornen Kaminpfeilern mit feuervergoldeten Wandbranchen der Potsdamer »Schwerdtfeger« Schröder und Grieser. Auf den Kaminen standen ursprünglich Tee-, Kaffee- oder Schokoladenservice aus Meißener Porzellan zum Gebrauch für die Gäste bereit. Die seit 1945 als verschollen geltenden Stücke wurden durch Porzellane aus derselben Zeit ersetzt.

Eine Besonderheit der sparsam möblierten Räume war ihre textile Ausstattung mit damals hochmodernen sogenannten »flammigten Tafften« Berliner Herkunft, deren changierende Farbeffekte durch das

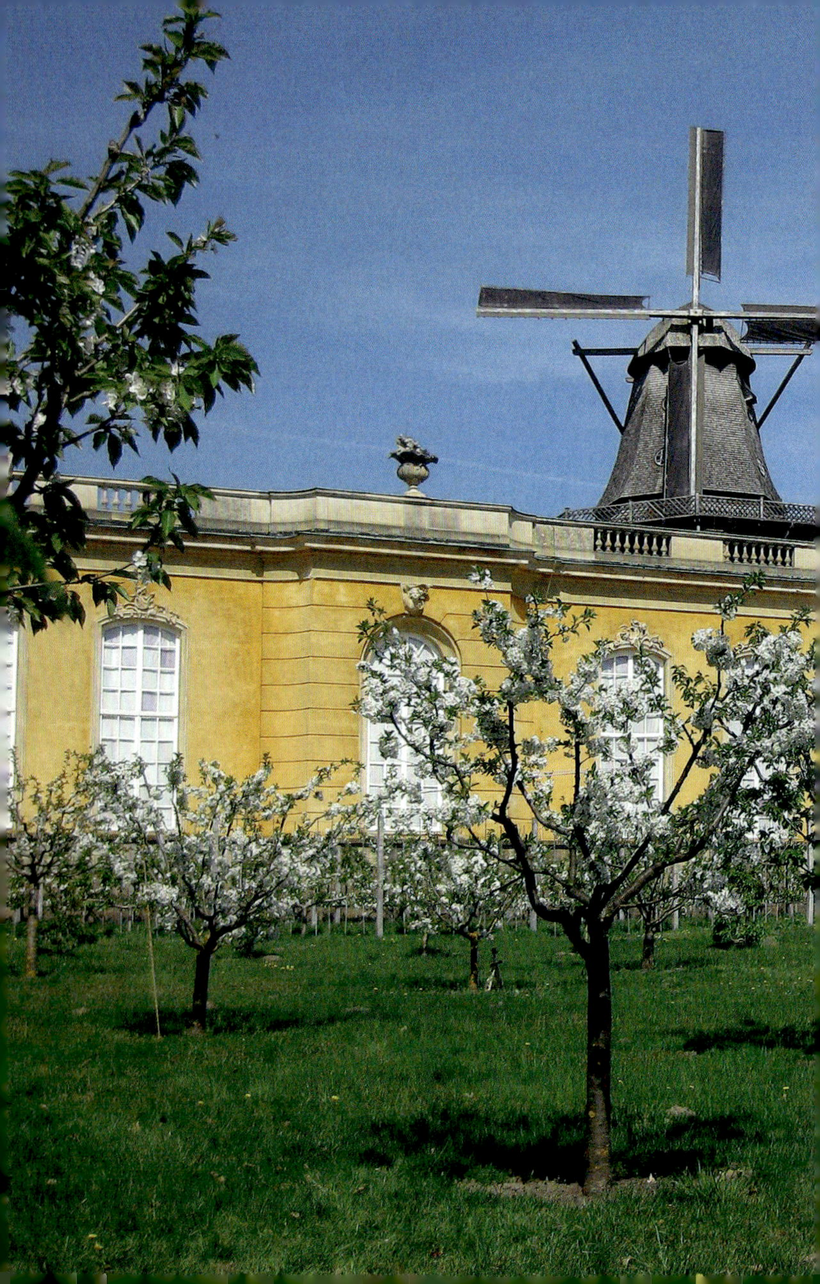

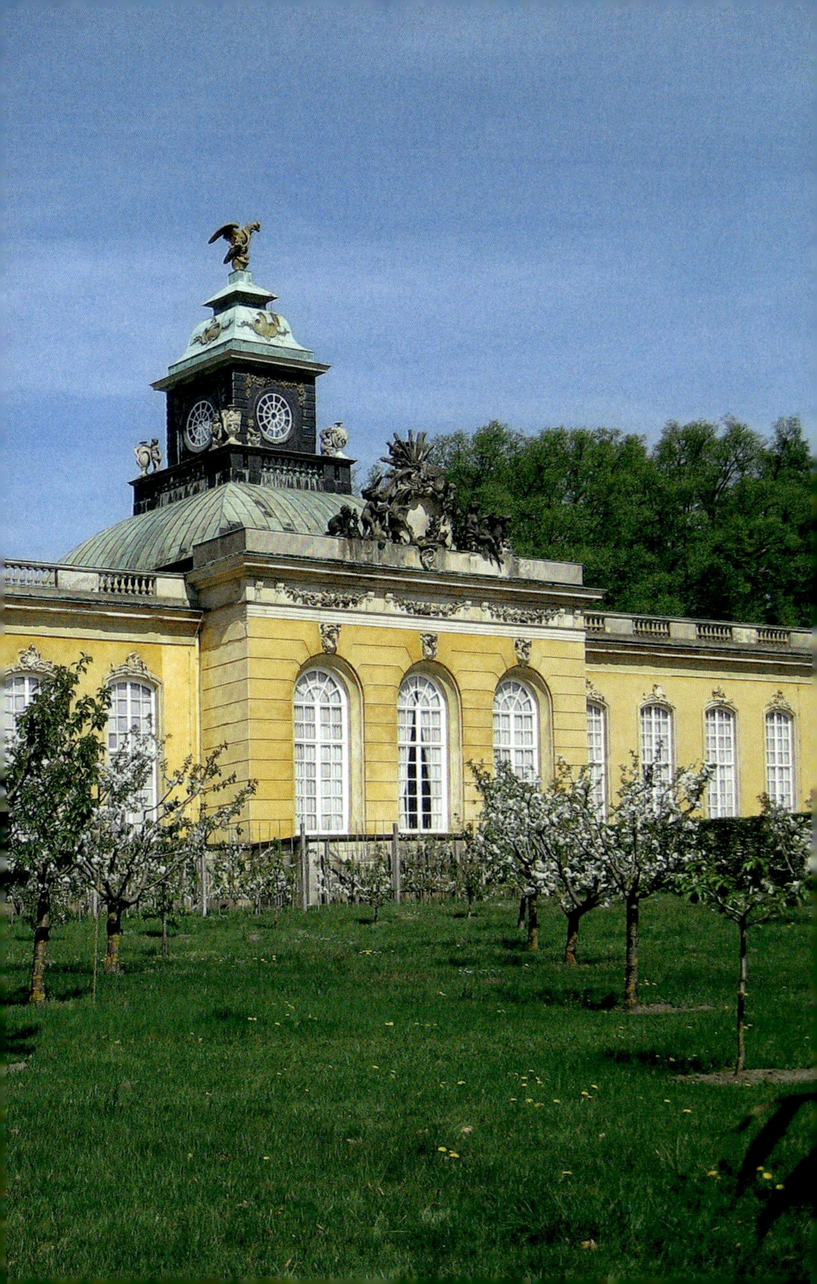

Färben der Kettfäden vor dem Weben entstehen. Seit 1999 vervollständigen in Frankreich gewebte originalgetreue Rekonstruktionen dieser chinierten Täfte wieder die Raumdekorationen. Die Vorarbeiten hierfür erfolgten in Zusammenarbeit mit der Textilwerkstatt der Stiftung Preußische Schlösser und Gärten Berlin Brandenburg mit der Firma Eschke in Mühltroff/Vogtland.

Seite 20/21: Ansicht von Süden

Raum 5

1. Gästezimmer (Grünes Lackkabinett)
Wohnzimmer der 1. Gästewohnung

Die für das späte friderizianische Rokoko typischen naturalistischen Blumengirlanden beleben die durch weiß-goldene Bänder streng geometrisch gegliederten grünen Wandflächen. Stilistische Anklänge des Frühklassizismus zeigen sich auch in den en grisaille

1. Gästezimmer, Grünes Lackkabinett

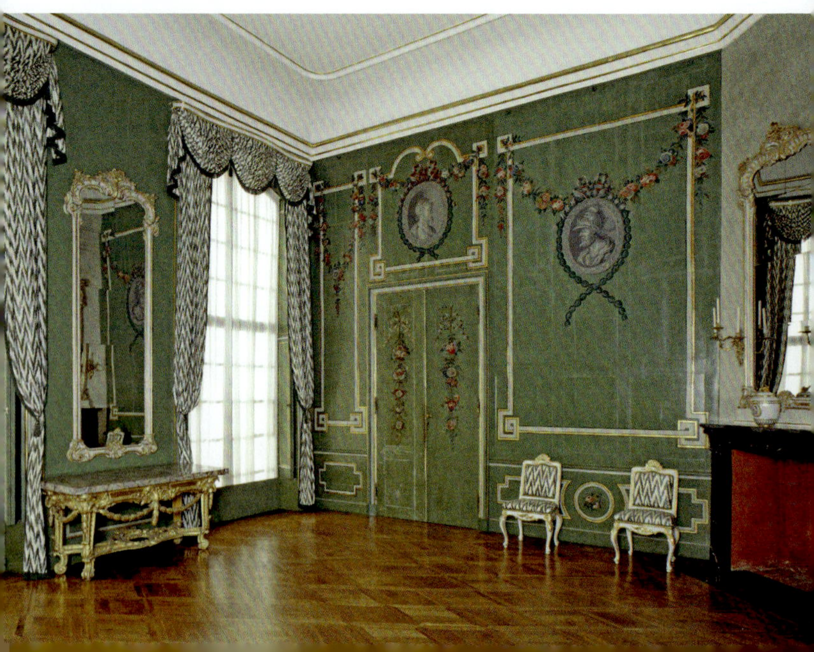

1. Gästezimmer, Grünes Lackkabinett, Detail Westwand

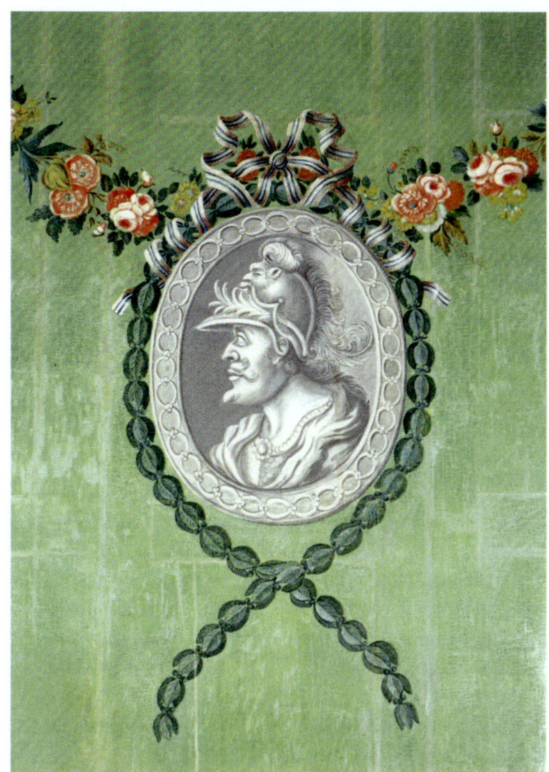

(grau in grau) gemalten Darstellungen römischer Imperatoren, in denen das Motiv der Portraitmedaillons aus den Supraporten des Jaspissaals wiederaufgenommen wird. Als Lackkabinett gestaltete Räume finden sich ab Mitte des 18. Jahrhunderts mehrfach in den Schlössern Friedrichs II. Mittels verschiedenster Techniken, hier Temperamalerei mit Firnisüberzug von Warlait, sollte ein den ostasiatischen Lackarbeiten ähnlicher Effekt erreicht werden. Derartige Kabinette wurden in zeitgenössischen Beschreibungen selbst dann besonders erwähnt, wenn die Wände nur einfarbig gehalten waren. Ihre Ausmalung erwies sich als relativ kostspielig, so entsprach Warlaits Lohn von 1200 Talern annähernd der Summe, welche die Gebrüder Räntz für die Anfertigung der Reliefs der Ovidgalerie berechneten.

Wandtisch: vergoldet, mit Platte aus auf Sandstein doubliertem schlesischen Amethyst, Potsdam 1772
Polsterstühle: Berlin um 1770
Pozellan: Vase mit Portraitmedaillon (Modell »Kanneliertes Potpourrie«), KPM Berlin
um 1780

Raum 6
2. Gästezimmer
Schlafzimmer der 1. Gästewohnung

Hier, wie in den drei anderen Schlafräumen, stammen die auf Leinwand gemalten Supraporten (über den Türen) mit Paarszenen und Blumenstillleben von den Potsdamer Malern Baron, Bock und Meyer. Die einfach gefassten Wandflächen dienen seit der Ersteinrichtung zur Präsentation von weiteren Gemälden, die Friedrich II. speziell für die Neuen Kammern in Auftrag gegeben hatte (vgl. Raum 8). Alle Bettstellen in den Alkoven, schon Anfang des 19. Jahrhunderts nicht mehr erhalten, waren mit einheitlichen hellblauen Atlasdecken ausgestattet.

Gemälde von Karl Christian Wilhelm Baron
oben: Alter Markt – Blick auf die Nikolaikirche, 1772
unten: Alter Markt – Blick in die Schlossstraße, 1772
Polsterstühle: Berlin um 1760
Porzellan: Kännchen und Tassen, Dekor mit purpurfarbenen Rosen und bunten Schmetterlingen, Meißen 18. Jh.

Raum 7

3. Gästezimmer (Großes Intarsienkabinett)

Wohnzimmer der 2. Gästewohnung

Die birkenholzfurnierte Boiserie zeigt durch dunkle Profilleisten gerahmte Felderungen und trägt reichen Intarsienschmuck. Anmutige Blumenranken, Vögel und Früchte füllen die Flächen innerhalb der Rahmen, welche ihrerseits durch ein netzartiges Gitterwerk und Kartuschen mit Musikinstrumenten und Jagdutensilien verbunden sind. In Form der vier intarsierten Kriegerbildnisse erscheint nochmals das schon bekannte Potraitmedaillon als Detail der Raumdekoration. Die kunstvollen Wandvertäfelungen hier wie im 6. Gästezimmer wurden 1772 von den Brüdern Johann

3. Gästezimmer, Großes Intarsienkabinett

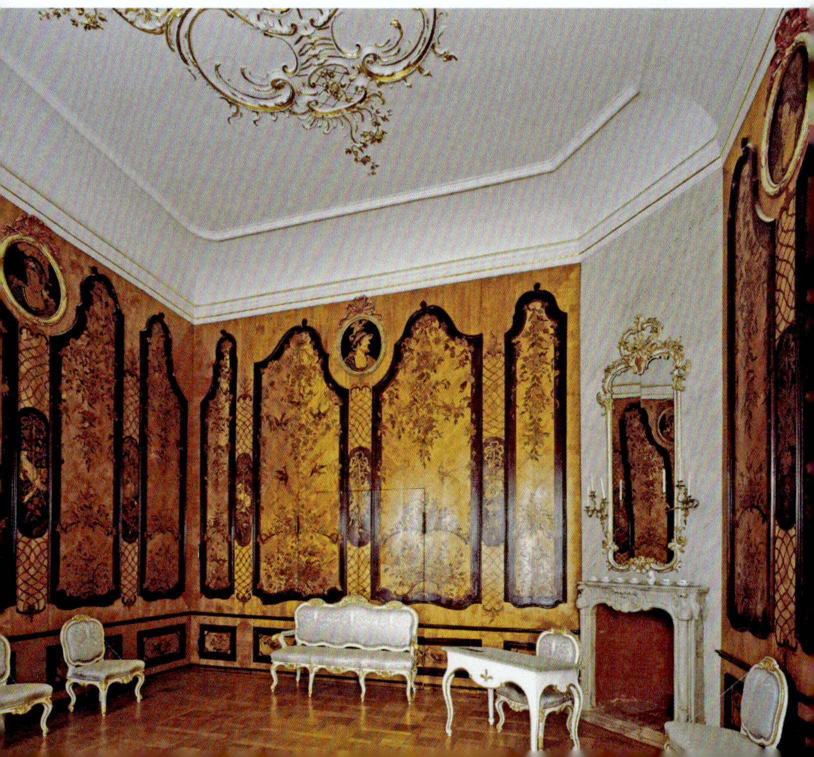

Friedrich (d. Ä.) und Heinrich Wilhelm (d. J.) Spindler ausgeführt. Sie gehörten zu den Bayreuther Künstlern, die 1764 dem Ruf Friedrichs II. an den preußischen Hof folgten. In Potsdam wirkten sie zunächst an der Ausstattung des Neuen Palais mit, für das sie eine große Anzahl vorzüglicher Intarsienmöbel schufen und sehr wahrscheinlich auch drei Fußböden und zwei Zimmer mit Einlegearbeiten versahen. Die beiden Intarsienkabinette in den Neuen Kammern jedoch sind die einzigen Raumschöpfungen der Brüder Spindler, für die deren Urheberschaft anhand früher vorhandener Rechnungen erwiesen ist.

3. Gästezimmer, Großes Intarsienkabinett, westliche Flügeltür

Konsoltisch: weiß gefasst und vergoldet, Potsdam 1772, darauf eine Platte aus grünem kubanischen Serpentin.
Schreibtisch: weiß gefasst und vergoldet, Berlin um 1760
Polsterstühle und Sofa: Berlin um 1760
Porzellan: aus dem Service »Purpurne Blume«, KPM Berlin 1770/80

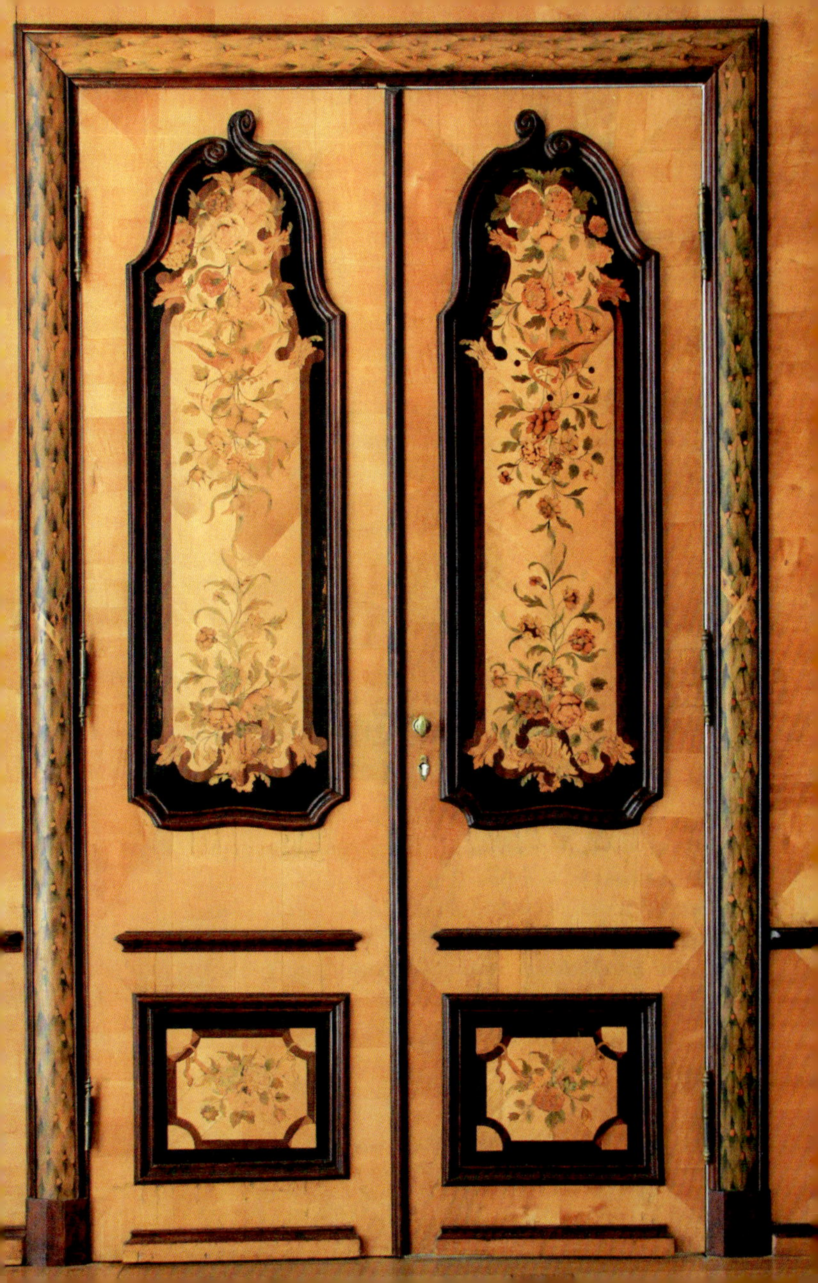

Raum 8

4. Gästezimmer

Schlafzimmer der 2. Gästewohnung

In Anlehnung an die Gestaltung des 3. Gästezimmers im Schloss Sanssouci, dessen Wandflächen mit Phantasieveduten vorwiegend italienischer und französischer Maler geschmückt sind, bilden hier Potsdamer Stadtansichten von Johann Friedrich Meyer und Karl Christian Wilhelm Baron den Hauptbestandteil der Raumdekoration. Sie vermitteln einen Eindruck vom Potsdam Friedrichs II., der, um seiner Residenz ein angemessenes Äußeres zu verleihen, bis in die 1770er Jahre das gesamte Baugeschehen in der Stadt bestimmte. So ließ er beispielsweise, nach dem Umbau des Stadtschlosses, den Alten Markt, den Mittelpunkt des städtischen Lebens im 18. Jahrhundert, in den Formen italienischer Renaissance- und Barockarchitektur neugestalten. Auch für zahlreiche Bürgerhäuser der angrenzenden Straßen verfügte er die Ausführung prächtiger Palastfassaden nach hauptsächlich italienischen und französischen Vorbildern, die ihm aus Stichwerken seiner Bibliotheken bekannt waren. Die oben genannten Maler erhielten den Auftrag, das veränderte repräsentativere Aussehen Potsdams im Bild festzuhalten. 13 dieser Veduten befanden sich von Beginn an in den Neuen Kammern, wo sie den Gästen die Erfolge der intensiven Bautätigkeit während der Regierungszeit Friedrichs II. vor Augen führen sollten. Die Gemälde waren in diesem sowie im 2. und 7. Gästezimmer platziert.

Fünf Gemälde von Johann Friedrich Meyer:
Westwand oben: Ansicht des Wilhelmsplatzes von Norden, 1773
Westwand unten: Alter Markt – Blick auf die Nikolaikirche, 1771

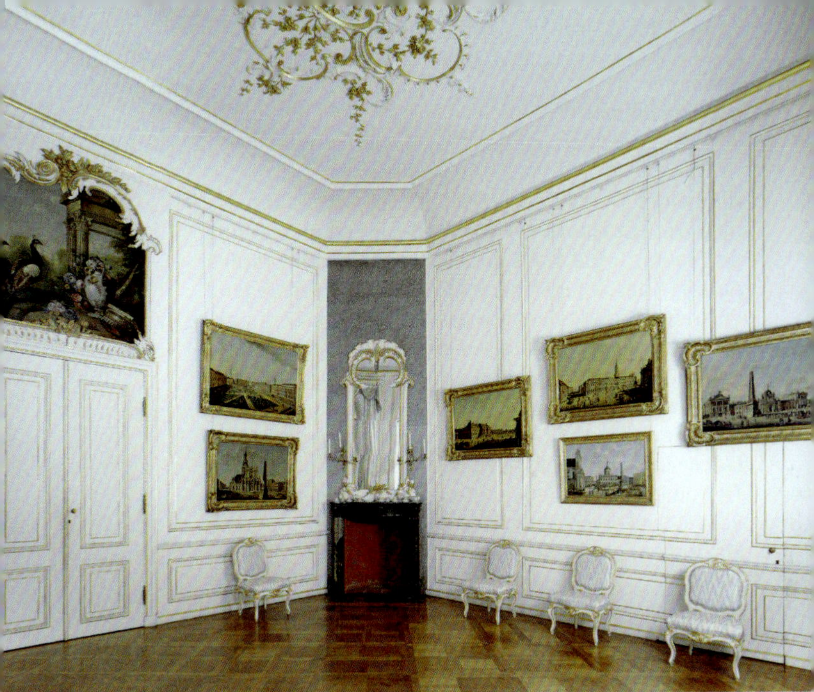

Viertes Gästezimmer

Nordwand links: Lustgartenseite des Stadtschlosses, 1773
Nordwand oben: Alter Markt – Blick in die Schlossstraße, 1773
Nordwand rechts: Alter Markt – Blick auf das Fortunaportal des Stadtschlosses, 1772

Gemälde von Karl Christian Wilhelm Baron:
Nordwand unten: Alter Markt – Blick auf das Rathaus, 1772

Polsterstühle: Berlin um 1760
Flötenspieluhr im Stil Louis XV. auf Konsole: vergoldetes Bronzegehäuse (bez. Louis George), Berlin um 1770
Porzellan: Teile eines Tee- und Kaffeeservices, Dekor mit »antiquen Köpfen«, KPM um 1780

Raum 9

5. Gästezimmer

Wohn- und Schlafzimmer (3. Gästewohnung)

Die beiden Gemälde mythologischen Inhalts von Anna Dorothea Therbusch gehören zur Erstausstattung des Raumes. Die Malerin führte ab 1771 gelegentlich Aufträge des Königs und der Prinzen aus, vorwiegend Portraits. Sie entstammte der seit 1699 in Berlin ansässigen polnischen Malerfamilie Lisiewski und hatte 1766 als zweite Ausländerin die Mitgliedschaft in der Pariser Kunstakademie erworben. Vermutlich deshalb signierte sie ihre Bilder mit »peintre du Roy de France«. Ein Erkennungszeichen für die Malweise der Therbusch ist die Verwendung von »ungebrochenem Rosa«, was einen Zeitgenossen zu der Beschreibung »im Rosenduft« veranlasste.

Fünftes Gästezimmer

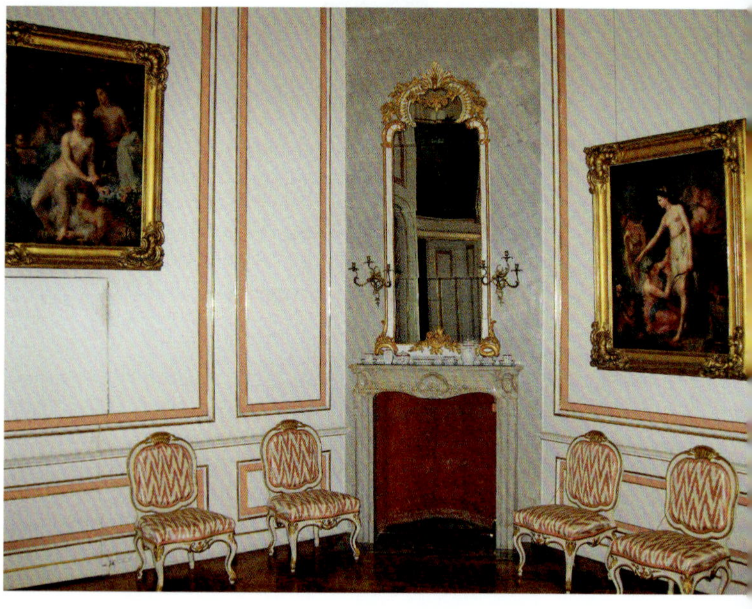

Gemälde von Anna Dorothea Therbusch:
Nordwand: Venus bei der Toilette, 1772
Ostwand: Diana mit ihren Nymphen, 1772
Konsoltisch: weiß gefasst und vergoldet, Potsdam 1772, darauf eine neue Platte aus buntem Knollengestein
Polsterstühle: Berlin um 1760
Porzellan: Service mit Kanne, Tee- und Zuckerdose, Schale und Tassen, KPM Berlin 1779/1780

Raum 10

6. Gästezimmer (Kleines Intarsienkabinett)

Wohnzimmer der 4. Gästewohnung

Der Raum gleicht in seiner Gestaltung dem Großen Intarsienkabinett (vgl. Raum 7). Die zweiflügelige Tür

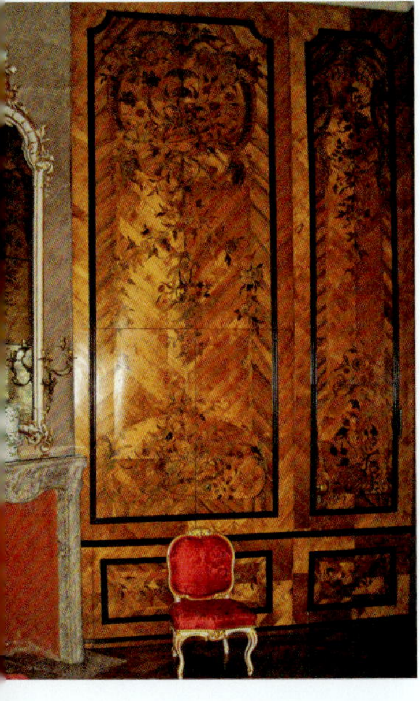

Sechstes Gästezimmer (Kleines Intarsienkabinett)

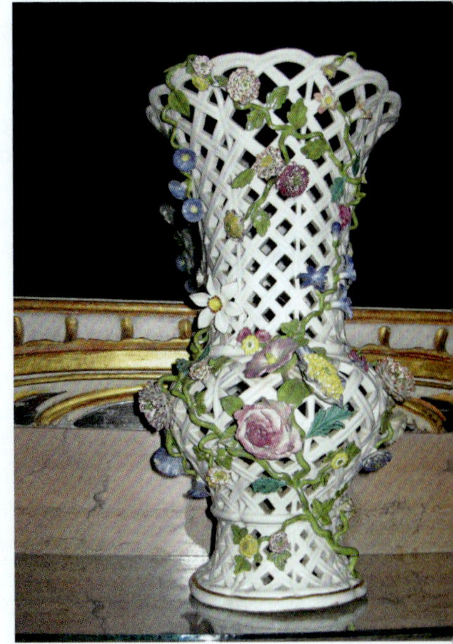

Sechstes Gästezimmer (Kleines Intarsienkabinett) Flötenvase

in der Nordwand wurde erst im 19. Jahrhundert eingeschnitten. Hinter ihr verbarg sich, ebenso wie im 1. und 5. Gästezimmer ein beim Umbau 1842/43 zusätzlich angelegter Alkoven.

Polsterstühle: Berlin um 1760
Porzellan: Flötenvase, durchbrochenes Gitterwerk mit Belegen, Meißen um 1740

Raum 11

7. Gästezimmer

Schlafzimmer der 4. Gästewohnung

Für die Einrichtung des Raumes wurde das Inventarverzeichnis von 1845 zugrunde gelegt. Sie soll das Erscheinungsbild der Gästezimmer in der Zeit ab 1843 veranschaulichen, als sie vor allem von den Hofdamen Königin Elisabeths bewohnt waren und zahlreiche Kommoden, Tische, Polstermöbel u. a. die erhaltene friderizianische Ausstattung ergänzten. Auch die textile Dekoration aus grünem Rips wurde dem 19. Jahrhundert nachempfunden.

Gemälde von Johann Friedrich Meyer:
Westwand links: Blick vom Brauhausberg auf den Park Sanssouci, 1771
Westwand oben: Blick von Eiche auf das Neue Palais, das Belvedere auf dem Klausberg und die Türme von Potsdam, 1771
Westwand unten: Blick vom Brauhausberg auf Potsdam, 1771
Westwand rechts: Blick vom Brauhausberg auf die Heiliggeistkirche und Nowawes, 1771
Ostwand: Ansicht des Wilhelmsplatzes von Süden, 1773
Wandtisch: weiß gefasst und vergoldet, Potsdam 1772, darauf eine Platte von auf Tuffstein doublier-

7. Gästezimmer (Hofdamenzimmer)

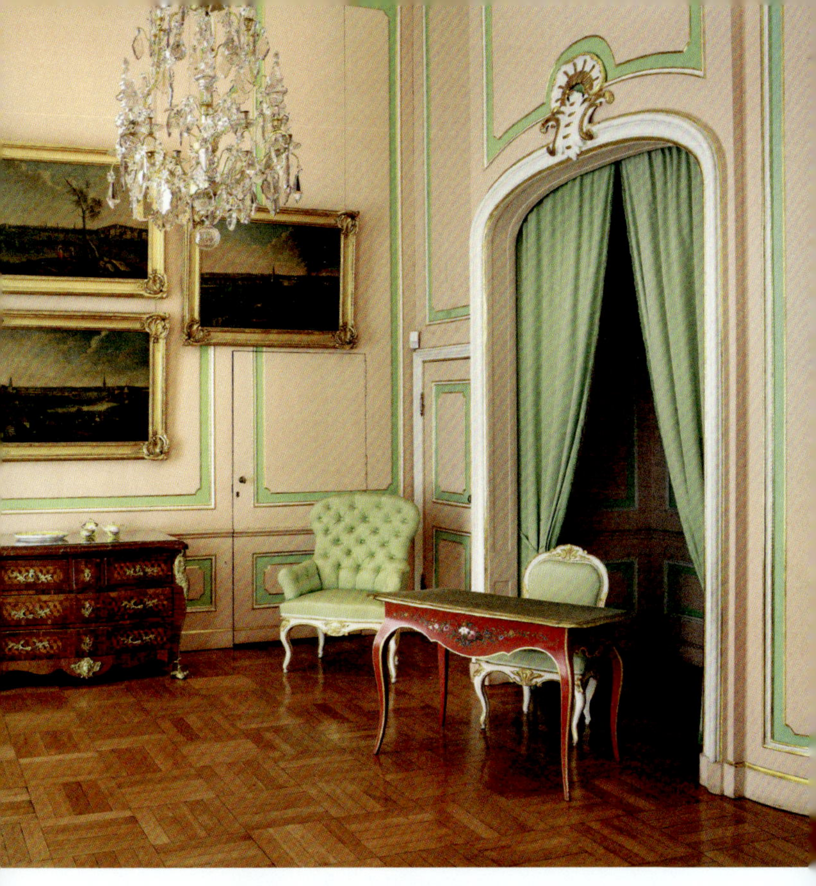

tem Arragonit »alabastro fiorito« (Süßwasserkalkstein), vermutlich italienisch
Schreibtisch: Fassung des 19. Jh. mit Blumenmalerei auf rotem Grund, Berlin um 1760
Kommode: Mahagoni mit feuervergoldeten Bronzebeschlägen, Frankreich um 1740, darauf eine neue Platte aus braunrotem »Marmor« (eigentl. Polierfähiger Kalkstein »Saalburger Rot«)
Schrank in Chiffonierenform von Johann Georg Ferdinand Freudemann, eintürig mit imitierten

Schubkästen, Rüster mit feuervergoldeten Bronzebeschlägen, Berlin 1844
Polsterstühle und Polstersessel: Berlin um 1760
Kronleuchter: Korbkrone mit sechs Tüllen, ölvergoldetes Eisen mit vergoldeten Holzschalen und Glasbehang, Berlin/Potsdam Mitte 19. Jh.
Pozellan: Teile aus »Service mit gelbem Fond und holländischen Hafenansichten«, Meißen um 1735

Schloss Neue Kammern
Park Sanssouci, 14469 Potsdam

Kontakt
Stiftung Preußische Schlösser und Gärten
Berlin-Brandenburg
Postanschrift: Postfach 601462, 14414 Potsdam

Informationen erhalten Sie im
Besucherzentrum an der Historischen Mühle
An der Orangerie 1, 14469 Potsdam
Tel.: +49 (0) 331.96 94-200
Fax: +49 (0) 331.96 94-107
E-Mail: info@spsg.de

und im

Besucherzentrum am Neuen Palais
Am Neuen Palais 3, 14469 Potsdam

Gruppenreservierungen
Über Gruppenpreise und Führungsangebote informiert gern der Gruppenservice
Tel.: +49 (0) 331.96 94-222
E-Mail: gruppenservice@spsg.de

Öffnungszeiten und Eintrittspreise
Der Park Sanssouci ist täglich ab 6 Uhr morgens bis zum Einbruch der Dunkelheit geöffnet.

Verkehrsanbindung
Mit dem ÖPNV
von Berlin: mit dem Regionalexpress bis Potsdam Hauptbahnhof oder
von Potsdam Hauptbahnhof: Bus 695 bis Haltestelle Schloss Sanssouci oder Orangerie (bitte informieren Sie sich über die aktuellen Fahrpläne und eventuelle Routenänderungen)

Mit dem Auto
Folgen Sie der Verkehrsausschilderung in Potsdam. Kostenpflichtiger Parkplatz Schloss Sanssouci in unmittelbarer Nähe zum Schloss Sanssouci, Besucherzentrum Historische Mühle und Schloss Neue Kammern.

Mit dem Fahrrad
Fahrradstellplätze sind am Besucherzentrum an der Historische Mühle vorhanden.

Hinweise für Besucher mit Handicap
Das Schloss Neue Kammern ist für Rollstuhlfahrer barrierefrei.
Aus konservatorischen Gründen ist die Mitnahme von Kinderwagen in den Ausstellungsräumen leider nicht möglich.

Rollstuhlgerechtes-WC am Besucherzentrum an der Historische Mühle.

Parklandschaft Sanssouci
Schloss Sanssouci
Bildergalerie
Historische Mühle
Chinesisches Haus
Belvedere auf dem Klausberg
Schloss Charlottenhof
Römische Bäder
Neues Palais
Orangerieschloss
Friedenskirche
Drachenhaus
Ruinenberg
Normannischer Turm

Gastronomie
Mövenpick Restaurant Historische Mühle
Tel.: +49 (0) 331.28 14 93

Museumsshops
Die Museumsshops der preußischen Schlösser und Gärten laden ein, die Welt der preußischen Königinnen und Könige zu erkunden – und das Erlebnis mit nach Hause zu nehmen. Dabei wird der Einkauf auch zur Spende, denn die Museumsshop GmbH unterstützt mit ihren Einnahmen den Erwerb von Kunstwerken sowie Restaurierungsarbeiten in den Schlössern und Gärten der Stiftung.
Die Museumsshops finden Sie
in Potsdam: Schloss Sanssouci,
Schlossküche Sanssouci,
Besucherzentrum Neues Palais,
Schloss Cecilienhof
in Berlin: Schloss Charlottenburg
www.museumsshop-im-schloss.de

Tourist-Information
Tourist Information Am Alten Markt
Humboldtstraße 1–2
14467 Potsdam
Tel: +49(0) 331.2755 88 99
Fax: +49(0)331.275 58 58
E-Mail: info@potsdamtourismus.de
Internet: www.potsdamtourismus.de

Tourismus-Marketing Brandenburg GmbH (TMB)
Tel. +49 (0) 331.200 47 47
E-Mail: service@reiseland-brandenburg.de
www.reiseland-brandenburg.de

Schutz der historischen Gartenkunstwerke

Seit 1990 steht die Potsdam-Berliner Kulturlandschaft auf der Liste der UNESCO-Welterbestätten. Um dieses Welterbe mit seinen einzigartigen künstlerischen Schöpfungen in einem empfindlichen Naturraum zu schützen und zu bewahren, benötigen wir Ihre Unterstützung!
Mit Ihrem rücksichtsvollen Verhalten tragen Sie dazu bei, dass Sie und alle anderen Besucher die historischen Gartenanlagen in ihrer ganzen Schönheit erleben können. Die Parkordnung der Stiftung Preußische Schlösser und Gärten Berlin-Brandenburg fasst die Regeln für einen angemessenen und schonenden Umgang mit dem kostbaren Welterbe zusammen. Wir danken Ihnen herzlich für die Beachtung dieser Regeln – und wünschen Ihnen viel Vergnügen beim Aufenthalt in den königlich-preußischen Gärten!

Literaturauswahl
Gert Streidt, Klaus Frahm:
Potsdam. Die Schlösser und Gärten der Hohenzollern, Könemann Verlagsgesellschaft mbH, Köln 1996 ISBN 3-89508-238-4

Adelheid Schendel, Jerzy Prrzytański:
Die Neuen Kammern im Park Sanssouci. Potsdam-Sanssouci 1987

Impressum

Herausgegeben von der Stiftung Preußische Schlösser und Gärten Berlin-Brandenburg
Text: Ulrike Gruhl
Redaktion: Daniel Goral
Lektorat: David Fesser, Deutscher Kunstverlag
Gestaltung: M&S Hawemann
Satz: Hendrik Bäßler
Herstellung: David Fesser, Deutscher Kunstverlag
Koordination: Elvira Kühn
Fotos: Bildarchiv SPSG/Fotograf: Wolfgang Pfauder

Die Deutsche Nationalbibliothek verzeichnet diese Publikation in der Deutschen Nationalbibliografie; detaillierte bibliografische Daten sind im Internet über http://dnb.d-nb.de abrufbar.

ISBN 978-3-422-04046-5